L'envol
Recueil

Aux personnes m'inspirant de près
ou de loin pour écrire mes travers de cœur.

A Apollon.

A mes chats.

Émoi des mots.

A nos corps corrompus,

A nos cœurs corrompus,

A nos corps rompus,

A nos cœurs rompus,

A nos corrompus,

A nos co-rompus.

***

Je suis comme condamné à vivre avec des illusions.

Je suis **comme** un con, damné à vivre avec désillusion.

***

C'est beau à quel point le monde paraît psychédélique lorsque le psy se déclique.

C'est beau la façon dont le son transporte tous les fa.

C'est beau comme tant d'odeurs se transforment en tant d'or. Et comme tant d'heures ne se laissent plus tendre à mort.

C'est beau la mer qui devient moins amère.

C'est beau de regarder le ciel et de ne plus se dire : "et si elle...".

C'est beau de se remplir les poumons de sel, et de sentir que son âme se déscelle.

C'est beau de regarder au-delà du voile, et de rêver et s'imaginer prendre les voiles.

C'est beau de s'émerveiller devant chaque paysage, et de ne pas se lasser même quand le pays prend de l'âge.

C'est beau d'avoir encore des yeux de nouveau né en étant grand, parce que beaucoup de grands ne sont toujours pas nés.

C'est beau de pleurer devant le soleil, et puis de le revivre dans son sommeil.

C'est beau de trop regarder, parce que déjà trop de regards sont lasses.

J'aime mon regard enfantin, mais on me dit d'y prendre "gare !" en fait. Il est souvent crédule et idolâtre, mais je me fiche d'être déluré devant cet idole. Le monde m'inspire chaque jour, il me donne espoir, m'anime et me fascine, et même si un sbire m'ajourne, je ne cesserais de battre le désespoir, pour que ma mine ne cesse d'être facile.

***

Comme une lame qui vient creuser des tranchées,
Les larmes rouges viennent calfeutrer ma trachée,
Et la rage implose et se fait discrète,
Car l'âge impose son propre décret.

Comme un éclair dans un ciel dégagé,
Il s'éclaire une danse, elle désengagée,
Et la terreur pétrifie sans pitié,
Car à l'heure de la Terre, il est temps de trier la piété.

Comme un feu d'artifice au cœur d'un été,
Le feu de l'artiste, encore sur un étai,
Et l'ivresse réjouissante déteint sur le monde,
Car l'on jouit d'une naissance teintée de nouvelles ondes.

Comme des sables mouvants sur le rivage,
Le vent rend tout mou nonobstant l'âge,
Et le désespoir referme ses bras de chaînes,
Car des espoirs s'enferment malgré les bras de chêne.

***

Il était temps de sortir de l'étang.

Et puis de s'enlacer sans se lasser.

C'était l'heure d'enlever les leurres.

Et d'abandonner le banc des damnés.

Relever les genoux et lever leur joug.

Laisser les ailes se déployer pour ne plus se lasser de ployer.

Tenir les regards pour qu'ils prennent « gare ! »

Allons enfin bousculer la vie, comme l'avis nous a fait basculé.

Il t'en a tant coûté, mais il est temps de t'écouter.

***

Il est des personnes dont l'essence provient du ciel.
Il n'y avait personne dont la présence m'était si essentielle.

***

Il a tenté de la posséder avec son don
Elle les a médusé avec son regard de serpent.

***

Il capturait le Soleil dans ses yeux comme il capturait les mots de ma bouche.
Il était capitaine du monde et faisait de sa capsule la vie autour.
Il captivait par le son de sa voix et rendait capricieux celui n'ayant pas la chance de l'écouter.
Les instruments perdaient même leurs capacités et le laissaient parler a cappella.

***

Qui a décrété que c'était ça le bonheur ? Qui s'est dit que telle ou telle chose devait être faite à la bonne heure ?

Qui a décidé des aspects profondément puissants ? Les as de pique sont souvent sans puits, et décèdent en étant superficiels. Et même au fond de l'étang, ces supers ne sauraient regarder le ciel.

Le monde est fou à lier, alors que l'on pourrait en faire un immense foyer.

Il y a tant de choses à partager et découvrir, mais l'on apprend à peine âgé, à se fermer et se couvrir.

J'ai toujours entendu dire que le monde était cruel, c'est faux, tant que la faux n'est pas portée par des gens crus arrachant nos ailes.

Nous n'avons pas pris l'habitude de mettre des mots sur les maux, et pourtant lorsque cela arrive, les maux dits cessent d'être maudits.

Mais voilà, nous ne devons pas faire de vagues, surtout pas de marées et encore moins de tsunami. Si une période ne nous fait pas marrer, on reste vague pour ne pas voir partir tous nos amis.

Personne n'est trop ou pas assez. Aucun pair ne devrait sonner l'envie de trépasser .

Quelqu'un affirme que nous n'avons pas les bons comportements ? Et bien sa frime devient un sujet bien compromettant.

Il n'est de plus grand que celui qui découvre toute sa vie. On s'accorde l'importance d'imposer sa place dans la société. Et si on se coordonnait sur l'importance de poser sa placer dans la satiété ?

Ne sommes-nous pas plus plein que lorsque l'on est remplis d'aspects nous ressemblant ? Ne sommes-nous pas plus creux que lorsque l'on déborde de faux semblants ?

On est pas comme eux, car on naît pas comme eux.
Tout le monde est normal puisque tout le monde est unique.
Nous ne serons jamais assez pour les autres, alors soyez juste assez vôtre.
Tout le monde devrait avoir le droit de ne rien devoir.

***

Vénus

Mais tu sais, moi je me fiche de la chaleur de tes draps et de ton corps.

Moi, ce dont j'ai besoin, c'est de la chaleur de tes mots et de ton cœur.

***

Les larmes du ciel venaient noyer la pluie sur mes joues

Et je ne pourrais cesser de m'en arracher le cœur

Que lorsque l'un de nous deux en sera mort

Peut-être est-ce la seule façon de tuer la passion de mon courroux.

***

Et puis je te ferai voyager la nuit et visiter tous les paysages nocturnes, rien que pour voir les étoiles des ciels s'unir et se mélanger à celles de tes yeux.

***

Oh mon amour

Que valent toutes les célébrations si elle ne sont en votre compagnie ?

Que valent les journées sans regard discret lancé dans la foule au ralenti ?

Je céderais le reste de ma vie au plus cruel des diables si je pouvais enfin obtenir mon tour.

Trop tôt ou trop tard

Le temps est un meurtrier de compassion

Totalement sourd et imperméable à mes nombreuses confessions

Laissez-moi, par pitié, vivre un mirage éphémère mais vivant à tous les égards.

***

Tu vaux tellement plus qu'un simple diamant, tellement plus que de l'or, que toutes les mines du monde ne seraient pas assez profondes pour contenir en leur sein ton incommensurable valeur.

***

Madame,

Qu'importe le temps, qu'importe l'espace, qu'importe la fin, je ne cesserais d'écrire et de parler de votre regard. Car il a été mon encrage, ma couverture, mon échelle de secours, lorsque s'installait et grandissait l'intrépide chaos de ma vie.

***

Très cher,

Il est des fois où le vainqueur ne peut être qu'un cœur vain. Et que la Lune me soit témoin d'avoir tenté de ne pas ployer sous le courant de ses enivrantes marées. Les vagues scélérates me prennent par surprise, narguant l'horizon stable que je naviguais autrefois. Il est des fois où la seule façon de calmer la tempête est que le temps s'arrête.

***

Je n'ai jamais connu de chaleur plus intense que lorsque le foyer de vos yeux et le brasier de votre voix m'apparaissaient. Le plus chaleureux des feux de camps ne parviendrait même pas à dégeler un cœur de glace face à la quiétude qui s'évapore de votre âme.

Merci de réussir à réchauffer la chair de poule que la vie ne cesse de m'insinuer.

Merci d'être mon feu de cheminée.

***

Et cueillir les tâches de rousseur sur ta peau pour en faire un bouquet, de la même manière que pécher les étoiles de tes yeux pour illuminer mes nuits.
Et goûter aux timides et nouveaux rayons du Soleil venant adoucir ma chair de poule, de la même manière qu'apprivoiser lentement ton odeur faisant naître les doux prémices de l'été.

Et Regarder. Et Écouter. Et toucher. Et Sentir.

Le Beau.

***

J'aurais aimé que mon affection envers votre personne ne soit pas défendue,
J'aurais aimé pouvoir vous clamer tous les désirs dont mon cœur a rêvé,
J'aurais aimé que le Soleil, dans son intense bonté, accepte d'être corrompu,
J'aurais aimé pouvoir vous noyer sous les vers de la Lune dans lesquels nous pourrions nous cacher.

Il est tant de paysages que j'aurais imaginé prenant vos traits candides,
Et tant de soirées passées à rêver de correspondances sécrètes et volées,
Il est tant de regards dont je ne pourrais me lasser au risque de paraître vide,
Et tant d'étoiles admirées à exposer mes larmes d'amour dérobées.

Je vous aurais récité les plus mauvais vers des plus beaux poèmes,
Et je vous aurais dessiné des rides aux commissures de vos rires francs mais secrets,
Mais je ne pourrais avoir l'audace et la bravoure de vous dire un jour à quel point je vous aime,
Et vous ne pourrez rester jusqu'au plus silencieux battement de mon cœur, que mon plus grand regret.

***

Elle avait l'âme plus claire que la glace et le cœur plus grand que l'Everest

Elle avait les yeux plus verts que la forêt des montagnes et les joues plus rouges que les coquelicots d'été

Elle avait la passion de l'univers dans le ventre et la pression du monde sur les épaules

Elle était plus colorée que tous les arc-en-ciels

Et ils étaient plus gris que les ténèbres.

***

Le Soleil est pour toi.

La Lune est pour toi.

Les nuages, les arbres et les océans aussi.

Si l'on se partageait le monde, tu mériterais tous les minéraux le composant.

Je te donnerais tout ce qui constitue ce cosmos, des trous noirs les plus denses, aux planètes les plus légères, en passant par les étoiles les plus brillantes.

Je te donnerais également ce petit astéroïde sans prétention abritant le plus attachant des princes.

Je te céderais l'univers entier si cela suffisait à illustrer le quart de ma reconnaissance.

Tu mérites l'univers tout entier.

Et l'univers tout entier ne te méritera jamais.

***

Il est des kilomètres qui ne peuvent être raccourcis

Et aussi cruelle que soit la distance à respecter

Je ne cesserais de vous aimer de loin et d'imaginer une autre vie

Une de celles où le temps n'existe que lorsque nous pouvons le partager.

Qui dois-je blâmer pour cette inconstance si déstabilisante ?

Quel dieu prier pour m'éloigner de cette force tellement puissante ?

J'aimerais déchirer mes poumons à hurler votre nom,

J'aimerais m''arracher la langue à attirer votre attention.

Il est cruel de m'accorder ces regards emplis de gentillesse

Il est si doux de vous voir me chercher des yeux pour m'emplir d'ivresse

Et je rêve d'embrasser ces marques de la vie

Et je pleure de ne pouvoir accéder à ces mèches en sursis.

Écoutez mon silence rugir des mots que vous ne pouvez entendre

Regardez les larmes cachées défendues de déferler

Ressentez la détresse qui fait imploser mes tripes entremêlés

Empêchez-moi de m'effondrer et laissez-moi vous apprendre.

Malgré cet espace impossible à combler

Je ne cesserais de songer à cet amour fantaisiste

Mais si la clémence du temps ne s'est pas manifestée

J'enterrerais mon cœur et quitterais la piste.

***

Spacedelik

Et j'irais un jour, ensevelir et étouffer Morphée, avec le sable fin et démoniaque de ce fou de marchand.

Peut-être alors, pourrais-je enfin fermer les yeux durant cent ans.

***

A cheval entre le fantastique et la réalité, je ne me sens jamais plus vrai que lorsque la porte entre les deux mondes devient illusoire.

***

C'est lorsque la terre grondera, le Ciel chantera, et l'atmosphère tremblera, que les larmes de l'Enfer atterriront et créeront le plus angélique des cataclysmes.

***

C'est si beau que ça m'en arrache l'âme. Mon sang bouillonne et ma carcasse se crevasse pour déverser le magma débordant de mes tripes, jusqu'à illuminer la plus sombre nuit d'hiver, la plus désincarnée des pensées.

***

Comme une envie de me noyer dans les étoiles...

***

L'aube, le crépuscule, la transition, la balance. Il n'est de plus beau moment que lorsque l'un laisse sa vanité de côté et s'éclipse discrètement, afin que l'autre puisse redessiner lentement les contours de son propre univers et brille à son tour. Il n'est plus beau moment que lorsque les deux choisissent de s'unir afin de créer les plus beaux éclats, les plus mystérieux reflets, les plus intéressants résultats.

***

Et les derniers rayons fictifs venaient absorber les ombres voraces de la vie, pour laisser apparaître ceux réels qui accompagnent les nuits.

***

J'ai toujours adoré les orages.

Ils illustrent parfaitement la balance entre la terreur du monde pouvant s'effondrer sur lui-même et la puissance spectaculaire d'une force nous dépassant complètement.

Ils sont au-delà de toutes limites spatio-temporelles, de toute cohérence élémentaire, de tout équilibre extérieur.

Les éclairs transpercent, les nuages occultent, le tonnerre terrifie.

La violence de ce trop-plein de conditions explose et ne laisse de pitié à aucun obstacle.

L'orage ne demande qu'à s'exprimer, gronder, se déverser, incendier, hurler, assaillir, exploser.

Un peu comme un cœur, trop longtemps lacéré.

***

Le regard dans le vague et les yeux accrocheurs, personne ne savait ce qu'elle voyait car son seul guide était son cœur.

***

Malgré la multitude de réverbères traçant mon chemin, je ne me sens orienté que lorsque la Lune marche dans mes pas.

***

Et par cette matinée de cinq heures, les étoiles me semblèrent plus étincelantes que jamais.

Peut-être était-ce dû à la noirceur inhabituellement profonde du firmament, ou aux mélodies adéquates accompagnant mes pas.

Ou bien était-ce dû à la nouvelle venue de l'une d'entre elles.

***

Mimosa.

***

Un chemin où l'herbe semble aplatie,
Un tout petit sentier où le vent murmure subtilement,
Et puis au loin, ce qui semble être un joli tournant,
Une tentation vile, une promesse de vie.

Juste un pas pour voir,
Un simple détour vers la simplicité,
Une alternative à la réalité,
Juste un pas pour y croire.

Le vacarme détonnant de la voie principale,
Et puis la curiosité de la nouveauté,
L'ennui du quotidien trop fragmenté,
Le chuchotement dénotant du borborygme initial.

Subtilement les épines apparaissantes,
Plus fort les éclats de rayons,
Plus invisible l'esquisse de l'horizon,
Subtilement le mirage d'une vision apaisante.

Les manquements vitaux,
Les annihilations contrôlées,
Les compensations forcées,
Les mensonges si beaux.

L'herbe est plus verte ailleurs,
Et le paradis promis ne devient que plus réel,
Le paysage obsolète se recouvre de gel,
Et plus noires deviennent les ronces d'ailleurs.

Les lames naturelles viennent entailler la chair,
La lumière si chaude se refroidit subitement,
Les voix autour s'épuisent subtilement,
Le prix du retour s'annonce bien cher.

Plus rien. Plus aucune voix si ce n'est la seule, railleuse, malsaine, malicieuse, rugissante. Des cascades, des séismes, des murs de pierres, des averses, des éclaircissements, des chutes. De la haine, de la tristesse, de la colère, de la déception, de la culpabilité, de la honte, de l'espoir, de la pugnacité, de l'amour, de la terreur, de la joie, de la perplexité.

Les cicatrices des lambeaux de peau perdue,
Les sables mouvants aspirant au fond du sablier,
Les lianes s'enroulant plus puissantes que jamais,
Les cicatrices des morceaux de cœur abattu.

Un cri de détresse entendu par les sourds,
Des scènes remarquées par les aveugles,
Des mots tranchants ne bénéficiant d'aucun accueil,
Des regards de dédain, surpris dans un détour.

Et puis au bout de longs mois de naufrage,
Tout aussi subtil que le sentier découvert,
Un balbutiement secret à la lueur lunaire,
Les prémisses d'un tout nouveau paysage.

Enfin se profile la guérison tant attendue,
Les ronces se dissipent et perdent leurs poignards,
Le gouffre se rétrécie et fait tomber les regards,
Enfin, le cyclone s'apaise et devient diffus.

La vitalité de Gaïa qui reprend des couleurs,
Les pieds évitant les pièges exposés,
La volonté de ne peut plus s'aveugler,
Et la force relevée par un cœur.

Et puis une image revenue du passé,

Une simple manifestation innocente et personnelle,
Un électrochoc faisant ressurgir cette ancienne querelle,
Et puis la nouvelle descente aux enfers brutalement dégringolée.

Plus rien. Plus aucune voix si ce n'est la seule, railleuse, malsaine, malicieuse, rugissante. Des cascades, des séismes, des murs de pierres, des averses, des éclaircissements, des chutes. De la haine, de la tristesse, de la colère, de la déception, de la culpabilité, de la honte, de l'espoir, de la pugnacité, de l'amour, de la terreur, de la joie, de la perplexité.

***

Je t'emmènerai au bout du monde.
- Et c'est où le bout du monde ?
- Tout près d'ici.
- Tout près d'ici ?
- Oui, là où la Lune se détache de Nyx pour bercer tes rêves audacieux, là où les étoiles se décrochent d'Ouranos pour illuminer tes yeux, là où le Soleil quitte Éméra pour devenir le feu sacré de ton foyer chaleureux.

***

Et que les oiseaux chantent les poèmes de la nuit

Les bulles de nos pensées laissant place aux planètes de nos réminiscences

Et cueillir des fleurs aux cœurs incandescents

Pleurer des étoiles afin que les fleuves deviennent des voies lactées.

***

La puissance ne fait pas la grandeur d'âme, mais la grandeur d'âme fait la puissance.

***

Et si un jour je viens à disparaître, ne soyez pas triste, ne laissez pas vos larmes s'écraser sur le sol. Relevez la tête, et vous me verrez. A travers les couchers de soleil, à travers les nuages, à travers les orages, à travers la pluie, à travers le vent, à travers l'océan.

Ressentez la nature, et vous me ressentirez également.

***

La pluie résonnait parmi les pensées orageuses de la nuit saillante

Et Morphée sautillait entre les gouttes et les cernes silencieusement naissantes

Qu'il est doux d'être accompagné d'une mélodie si virtuose et pointue

Mais qu'il est difficile de se frayer un chemin dans cet esprit vif et corrompu.

Les brûlures des yeux rougis ne saurait égaler celles qui nous tiennent éveillé

Et le ciel cruel tarde encore à dissimuler les dernières étoiles envolées.

***

Ceraunophile : (n.) someone who loves storms, thnuder and lightning.

***

Et si l'encre de ma vie ne t'a pas tâchée, si elle n'a pas réussi à te laisser de traces, n'apparais pas lorsque la cartouche sera terminée. Car alors le carnet sera empli d'autres écritures, d'autres dessins et d'autres gribouillages, et la dernière couverture pourra s'abattre, gardant à jamais tous les souvenirs de mon existence entre ses pages.

***

Amour d'un mois, attachement d'une saison ou affection d'une vie. Quoiqu'il en soit, le cœur se remplit bien difficilement ces derniers temps. Le désert commence à apparaître et les oasis se forment petit à petit. De simples mirages vers lesquels on tend, en sachant que rien ne sera réel, mais unissant tout de même ses dernières forces afin de goûter à ces rêves illusoires.

***

Je ne pourrais, je crois, ne porter un amour aussi fort envers une autre personne que celui que je porte pour la musique.

La douceur de l'âme qui s'élève lorsque les vibrations des notes viennent recouvrir un cœur dénutri, flagellé ou émietté.

La rage provoquée par le rythme qui vient remuer les entrailles au point de les sentir sortir de soi.

Les paroles qu'aucune discussion ne pourrait jamais décrire aussi parfaitement.

Lorsque les instruments commencent à parler, la vie en moi s'éveille comme la découverte d'un corps trop longtemps cryogénisé.

Je ne pourrais, je crois, pas plus rapidement tomber en amour de quiconque, que de quelqu'un qui utilise les do pour remplacer les mots.

La profondeur du regard qui se perd lorsque les doigts commencent à effleurer les corps musicaux.

La puissance des muscles alternant avec virtuosité avec la tendresse des variations des émotions.

La conversation qu'aucune voix ne pourra jamais tant émouvoir.

Lorsque la musique prend vie, le monde autour n'est qu'à la fois tristement fade, et merveilleusement savoureux.

Je ne pourrais, je crois, être plus amoureux que de celui qui parviendra à faire chanter nos souffles vitaux à l'unisson.

***

La cascade ne déborde plus. Elle attend une nouvelle source, une nouvelle rivière ou bien une nouvelle pluie qui la remplirait jusqu'à faire passer par-dessus bord, le doux et impétueux élixir de l'amour.

***

Il n'est plus de déchirant qu'un rire d'artiste dénué de bonheur, devant la scène de fin subite derrière les projecteurs .

***

Les enfers se reflétaient dans ses yeux, le paradis sur ses lèvres .

***

Et le voile qui obscurcissait les pupilles de ses yeux se matérialisa en une brume dissimulant l'entier paysage du Monde.

Et la couleur si éclatante de ses iris devint si fade, si pâle, si blême que la palette naturelle au fond de ces sphères se mélangeait avec elle-même.

Et les ombres et la lumière ne devinrent qu'un, et le monochrome devint prédominant, et les traits devinrent flous.

Et tout l'univers autour s'entremêla jusqu'à ne plus créer qu'une vague nuance impossible à qualifier, sans distinction d'éléments, sans ligne nette.

Et les reflets scintillants dans ses yeux, les étoiles brillant au creux de son âme, les paillettes composant chaque parcelle de son regard, s'éteignirent.

Et naviguant sur les eaux, se laissant porter sur l'écume, suivant le rythme des vagues, elle ne se battit plus, elle se laissa aller, elle se laissa entraîner, jusqu'à la fin, jusqu'au bout.

***

Alors qu'elle entrait dans la pièce, le monde se tue, mais l'univers s'animait. Des ailes de foudre sortaient de ses omoplates pendant qu'un grondement lointain approchant grondait. Malgré les fenêtres fermées, on ne pouvait que remarquer le vent qui se levait.

Tout en elle respirait la force tranquille, la tempête calme, la tornade silencieuse. Et pourtant personne ne pouvait se sentir indifférent lorsque la pièce était occupée par cette présence monstrueuse. Une catastrophe naturelle ambulante, qui rappelait à tous leur vulnérabilité d'humanité vaniteuse.

L'apocalypse sera bientôt là. Et lorsque ce sera le cas, que tous ne chercheront qu'à s'abriter et prier, elle ne se contentera que de rire aux éclats, encourageant les forces que personne, jamais, n'égalera.

***

Et je prie Hélios de révéler à chaque aube ces âmes si lumineuses. Je prie Iris de colorer de nouveau chaque parcelle de leurs auras. Je pris Hestia de maintenir en vie ce foyer chaleureux et intemporel. Je prie tous les dieux, de tout faire perdurer.

Et je pris Thanatos, Morphée et Hadès de ne pas se montrer trop hâtifs...

***

O capitaine !

Je ne trouve pas l'arche me permettant de voguer

Les mers sont à secs et le monde creuse encore sous ses déserts

La cruauté est devenue idole

L'ennui est devenu moule

Vivre de prestige élève l'existence des plus grands

Et vivre de beauté n'est plus permis pour exister

Mon capitaine !

On me noie avec mes propres branchies dans cet univers sans air, sans eau et sans Vie.

***

Les humains ont un côté mignon.

A la différence des animaux primaires, leur instinct de survie quotidien ne se traduit pas par la procréation, la fuite d'un prédateur ou la chasse d'un gibier

L'humanité tend à remplir son âme, elle se nourrit d'art, de musique, de littérature, de sciences, de découvertes

Elle se nourrit de beauté jusqu'à déborder, jusqu'à frôler l'indigestion sans jamais l'atteindre car l'on ne peut être malade de trop rêver.

***

Que la chaleur du bois de tes yeux recouvre le givre s'insinuant au creux de ma structure, jusqu'à l'embraser de sérénité.

***

La nuit est bien bavarde pour quelqu'un d'aussi silencieux.

***

Et entendre mon âme hurler de terreur dès son regard posé sur ma peau.

De ses seuls yeux, le sentir transformer mes tissus protecteurs en innombrables lambeaux.

Ne pas s'attarder, il pourrait s'immiscer.

Ne pas répondre, il pourrait s'en amuser.

Ne pas, surtout pas croiser sa vision de vautour, il pourrait s'inviter sans demander.

Et sentir la chair de poule dresser sa carapace trop friable. Et voir du coin de l'œil son sourire tétanisant se voulant affable.

Contrôler sa respiration et la garder calme et sereine.

Et ravaler la bile provenant des tréfonds des tripes pour jouer la scène.

Adopter une posture assurée et ne pas laisser sortir la panique sous l'aura obscène.

Et réussir à entendre ses pensées tant elles transpirent de son corps.

Et perdre la force de mes muscles si durement entraînés contre la peur.

Et continuer de me tenir droite, en priant le ciel de ne pas s'écrouler sous la mort.

Un simple regard, un simple clin d'œil, un simple sourire appuyé,

Et viennent de nouveau m'égorger leurs serres du passé.

***

Malheureuse qui comme Hélène

N'a pas fait de beau voyage

Ou comme c'est-elle là

Qui prend ses deux garçons.

Et puis se sont enfuies pleines d'espoir et d'émotions

Mais vivre sans leur amants, les laissant là

À la merci de leur ego dénué de courage.

***

C'est comme une latence. Traverser toutes les gares et aucune en même temps, mais rester le nez à la fenêtre et les yeux dans le vague à attendre le prochain arrêt. Avoir non plus les pieds comme guides, mais le souffle frémissant d'un murmure d'espoir et de curiosité. Se laisser entraîner et tourbillonner au cœur de ce chaos sourd, ordonné et désemparé. Laisser une aération dans cette bulle hermétique et enivrante. Et puis seulement atterrir sur ce nouveau quai, être submergé par tant de nouvelles couleurs, de nouvelles odeurs, de nouveaux sons. Être assailli de nulle part, sans crier « Gare ! ». Et puis laisser patienter la bulle enveloppant le wagon habituel, afin d'apporter les quelques pièces possédées, vers d'autres trains ayant besoin d'aide, ne possédant pas les bons outils ou les bons voyageurs. Remettre les roues dans les rails, patiemment, de manière désintéressée, et ressentir les cris abominables d'un changement de direction, ou d'un carrefour sans indication.

Et puis une fois le travail terminé, une fois les trains réalignés, remonter dans son propre wagon où l'air ne porte que cette unique odeur familière. Refermer la porte et ne laisser aucun passager clandestin sauter à bord. Et rendre étanche cette bulle, de nouveau. Renforcer ses parois, de nouveau. Retrancher les effluves multicolores, de nouveau.

Car après tout, ce n'est qu'un wagon restauré en gare dans laquelle les autres trains ne viennent que se faire réparer. ***

Ce n'est peut-être pas plus mal d'être complètement fêlé ou brisé, la lumière ne peut que plus subrepticement s'y immiscer.

***

La poésie est la danse de l'âme

Elle voltige et nage dans des effluves boréales

Elle crée un courant dans ce ciel abyssal

Le chant du cœur, comme la fatalité nous damne.

***

Peut-on parler un instant de la douceur qu'est d'aimer l'art et la littérature ?
L'enchantement que procure la musique, le voyage qu'engendre la photographie, le rêve que créent les livres l'absence que provoque la peinture.
Le monde ne cesse de glorifier le scientifique et le concret, et bien que cela soit capital, l'humain ne peut s'empêcher de se tourner en définitive vers la beauté et l'abstrait, car c'est cela qui lui est vital.
Les vibrations de l'âme qui s'anime lorsque le corps rencontre les planches, le pinceau, l'obturateur ou la mine.
Il n'est de sentiment plus enivrant que le léger flottement du cœur lorsque celui-ci n'appartient plus au monde, mais s'en crée un transformant les paysages en cartes postales, les mélodies en symphonies, et les heures en secondes.
Et j'aimerais me soûler encore de ces vins de vie, d'amour, de beauté et de passion.
Et j'aimerais m'étouffer et être envahi de ces fleurs qui poussent en nous comme sur les astéroïdes où se propagent les baobabs à foison.

***

Ce soir,

A l'aube de la nuit,

Au crépuscule de mes envies,

Je partirais.

Je traverserai les lacs et les prés

Pour trouver nos souvenirs oubliés.

Je nagerai dans l'air et volerai dans l'eau

Pour récupérer un fragment de votre peau.

Voyez-vous, la vie se déroule toujours inlassablement devant nous,

Alors soyez sans crainte, je ne montrerai aucune tristesse devant vous.

Mais malgré cette vie continuant de prospérer comme à son habitude,

Je ne peux m'empêcher d'éprouver une profonde lassitude.

La nature s'éveille tous les matins à ma fenêtre,

Mais je suis attristé lorsqu'entre mes draps, je ne vois que mon être.

Nos battements cardiaques autrefois à l'unisson,

Au fond de nous jamais ne cesseront.

Et je ne peux regretter ce doux malheur qui s'abat sur nous,

Car ce fut un honneur d'avoir eu le cœur brisé par vous.

Je vous aime, plus que ma propre vie,

Et j'accepte ce triste sort, bien que vous m'aimiez aussi.

Ce soir,

A l'aube de la nuit,

Au crépuscule de mes envies,

Je partirais rejoindre vos bras,

Que je ne pourrais me résoudre à abandonner, même au-delà du trépas.

***

Je désire tellement vous dire à quel point mon cœur brûle pour vous, à quel point vous le consumez, à quel point vous l'explosez, que mon esprit devient un simple et pur horizon dépourvu de mots lorsque je veux l'exprimer. Vous avez été les plus belles personnes que je n'ai aimées, celles qui ont un cœur, une bravoure et une douceur si grandioses, que le reste du monde se mettrait à rougir de honte et serait touché par une épidémie aveuglante s'il venait à voir votre étincelante lumière.

J'aurais voulu que vous sachiez à quel point vous rendez riche ma vie, alors que mon compte en banque me fait honte. Que vous sachiez que s'il vous arrivait un jour de devenir un naufragé de ce monde, s'il vous arrivait de vous retrouver seul sur cet immense et interminable plateau bleu avec une simple planche de bois comme radeau, s'il vous arrivait de ne plus côtoyer d'autre humain que vous-même, je serais là. Avec certes une barque très modeste et certainement rafistolée avec les quelques bouts de ruban adhésif que j'aurais réussi à fabriquer dans ma vie, mais je serais là. Vous ne reconnaîtriez sans doute pas mon visage lorsque je m'avancerais puisque vous l'auriez oublié, vous ne comprendriez pas pourquoi je serais la seule personne à vous inviter sur son bateau de fortune, vous vous méfieriez sûrement de cette aide venue de nulle part. Et vous ne sauriez probablement pas à quel point vous étiez mes très lointains phares lorsque j'étais moi-même au milieu de cet immense océan.

Alors aux quelques personnes que je n'ai eu la chance de côtoyer que brièvement durant ma courte vie, et que j'ai aimées de toutes mes tripes, du plus profond de mon cœur jusqu'au centre de mon âme... Peu importe le lieu où vous serez, peu importe la situation, peu importe la date, s'il vous arrive de vous recevoir en pleine tronche la plus grande vague d'amour de votre vie jusqu'à vous faire perdre pieds, sachez que c'était moi, et que je ne m'en excuserais même pas.

***

Comment pourrais-je vous réciter l'intégralité de l'histoire, à vous qui n'aimez pas lire ? Que raconter lorsque même un résumé devient trop long ? Qu'écrire lorsque les mots se posent d'eux-mêmes sur les plages sans tenir compte des pages s'ajoutant ?

Je trouve cela dramatique que la lecture du livre tout juste commencé devient peu à peu de la lecture rapide, où l'on survole les lignes, où les couvertures sont refermées dès la présence de quelques termes difficiles ou de passages descriptifs étalés.

Comment nous en vouloir d'envier les autres bouquins ? Ceux dont la couverture, la tranche et le dos ont l'air tout aussi attirants, mais dont l'épaisseur est bien plus importante ?

Il y a beaucoup de genres littéraires, et même si le choix est vaste, il arrive que certains lecteurs choisissent de lire l'un de ceux auxquels ils sont le moins habitués. Parfois ils restent jusqu'à la fin car ils s'aperçoivent que les personnages, le passé et les péripéties valent la peine et ne prédisent pas une déception de la fin.

Mais il arrive également que l'on prenne un genre dont on a l'habitude, dans lequel nous nous sentons bien et envers lequel nous attendons beaucoup. Mais toutes les bonnes histoires ne sont pas réservées aux bons genres. Il arrive que, en dépit de la familiarité de celui-ci, le livre ne fasse pas honneur au genre et l'histoire ne nous corresponde pas.

Et puis il arrive également d'apercevoir, au détour d'une flânerie dans les bibliothèques, de tomber sur un ouvrage. Il est tout petit, assez discret, il ne paie pas de mine, et il vous saute pourtant aux yeux. Tout vous plaît. La couverture est attrayante, l'épaisseur ni fine ni trop épaisse, le résumé travaillé. La lecture commence et

l'euphorie avec elle. Puis vint l'affection pour les personnages, l'impatience de découvrir les prochains chapitres, l'atmosphère fade lorsque l'on doit faire une pause, le tourniquet des émotions dès que l'on peut l'ouvrir de nouveau. Le temps passe, et arrivent avec lui des sentiments plus profonds, un climat doux et rassurant, une décélération des heures. Le goût de la lecture revient progressivement, et ce livre devient notre guide de vie, notre objet porte-bonheur, celui dont on parle au monde entier
.

Mais vient le moment de s'en séparer et de le rendre à la bibliothèque. Et la prise de conscience survient alors. Ce n'est pas votre livre, il ne pourra jamais vous appartenir. Il est trop cher, hors d'atteinte, il appartient à une autre classe. Alors vous restez devant l'étagère, et ne pouvez que constater son accessibilité, vous ne pouvez que regarder le monde autour de vous l'emprunter, vous ne pouvez qu'observer les lecteurs aimer ce livre les uns après les autres, tout aussi fort que vous l'avez aimé. Alors vous ne pouvez plus que l'admirer de loin et taire votre cœur afin que les autres puissent en profiter également. Car il ne sera jamais à vous, et vous ne pourrez ressentir qu'une excitation galvanisante chaque fois que vous l'ouvrez et un désespoir accablant lorsque vous le fermez.

***

C'est lorsque l'obscurité tend ses ronces mortelles pour m'enfermer dans l'enfer de mes pensées
Que les doux moteurs félins s'animent pour assourdir de leur grondement sourd, le vacarme des terreurs éveillées.

***

« Il n'est pas de plus heureuse période que lorsque l'on est enfant »
« Il n'est pas de plus heureuse période que lorsque nous sommes adolescent »
« Il n'est pas de plus heureuse période que lorsque l'on a vingt ans »
Beaucoup répètent vouloir retourner à l'âge où ils étaient insouciants.
Le monde était plus vif, plus nuancé que le noir et blanc,
Les problèmes étaient résolus en une heure, en deux temps trois mouvements,
L'ivresse de la jeunesse et la gueule de bois passaient rapidement,
La nouvelle vie se dessinait, loin de papa maman.
« Ce sont tes plus belles années, profites-en ! »

Alors pourquoi ? Pourquoi n'ai-je pas eu l'impression de me retrouver dans ces moments ?
Pourquoi a-t-il fallu que mon cœur s'arrache dès les premiers battements ?
Pourquoi mon cerveau ne s'active-t-il pas un peu moins rapidement ?
Pourquoi chaque émotion creuse un gouffre de néant ?

« Mais quelle maturité de la part d'un si jeune enfant! »
« Toi tu es promis à un avenir des plus grands ! »
« Quelle lucidité, tu vois tout clairement ! »
« Des enfants atypiques comme toi, il n'y en a pas tant ! »

D'aucun diraient que je fais sûrement partie de ces gens,
De ceux qui ouvrent les yeux, qui regardent réellement,
De ceux qui ne se laissent pas aveugler et porter par le courant,

De ceux qui sont là pour guider les petits et les grands.

Moi, j'aurais aimé que l'univers soit un peu plus clément,
J'aurais aimé que mon cœur ne se fissure pas à chaque instant,
J'aurais aimé que mon cerveau soit un peu plus insouciant,
Moi, j'aurais aimé grandir un peu plus lentement.

***

Le Soleil entra par le carreau
En cherchant une accroche, une lueur l'aborda à demi mots
Un désert d'automne ombré
Une supplication de lumière éthérée
Et un rayon traversant le sol sombre
Vient illuminer le sable dissimulant les ombres
Et l'odeur d'un après-midi d'octobre chaud
Envahit la pièce, le temps d'un clignement de peau.

***

Du fond de la mer d'étoiles

Il observait

Des marteaux se comporter en requins

Et des poissons clowns essayer de se lever chaque matin

Mais jamais il ne s'émerveillait

De l'équilibre mettant les voiles.

***

Je vous aime comme j'aime un orage d'été.

Apocalyptique.

Euphorisant.

Terrifiant.

Hypnotisant.

Vivant.

***

© 2024 C MB
Édition : BoD - Books on Demand, info@bod.fr
Impression : BoD - Books on Demand, In de
Tarpen 42, Norderstedt (Allemagne)
Impression à la demande
ISBN : 978-2-3225-2596-6
Dépôt légal : juillet 2024